A Era do Rádio

Lia Calabre

A Era do Rádio

2ª edição

ZAHAR

Capa
Sérgio Campante

Composição
TopTextos Edições Gráficas Ltda.

Impressão sob demanda
UmLivro

Papel
Offset, Suzano S.A.

CIP-Brasil. Catalogação na fonte
Sindicato Nacional dos Editores de Livros, RJ

Calabre, Lia
C141e A era do rádio / Lia Calabre. — 2ª ed. — Rio de Janeiro: Zahar, 2004.
il. — (Descobrindo o Brasil)

Inclui bibliografia
ISBN 978-85-7110-684-0

1. Radiodifusão — Brasil — História. 2. Rádio — Aspectos sociais — Brasil.
I. Título. II. Série.

CDD: 791.440981
04-0745 CDU: 654.19(81)

[2020]

EDITORA SCHWARCZ S.A.
Praça Floriano, 19, sala 3001 — Cinelândia
20031-050 — Rio de Janeiro — RJ
Telefone: (21) 3993-7510
www.companhiadasletras.com.br
www.blogdacompanhia.com.br
facebook.com/editorazahar
instagram.com/editorazahar
twitter.com/editorazahar

FSC
www.fsc.org
MISTO
Papel produzido a partir de fontes responsáveis
FSC® C128038

A marca FSC® é a garantia de que a madeira utilizada na fabricação do papel deste livro provém de florestas que foram gerenciadas de maneira ambientalmente correta, socialmente justa e economicamente viável, além de outras fontes de origem controlada.

Sumário

Créditos das ilustrações

1, 4. Agência Nacional, acervo do Arquivo Nacional.
2, 6, 7. Arquivo do Correio da Manhã, acervo do Arquivo Nacional.
3, 5, 8, 9. Acervo do Arquivo Rádio Nacional.

Introdução

A clássica imagem de uma enorme caixa de madeira falante representa um tipo de rádio que não existe mais. Esta afirmativa, mais do que se referir ao aparelho receptor de rádio, diz respeito à programação veiculada pelas emissoras. Ao pensarmos nos programas transmitidos pelo rádio brasileiro da década de 1920 até o início da de 1960, o que se destaca são as radionovelas, os programas de auditório, as cantoras eleitas "rainhas do rádio", os programas humorísticos e de variedade — estilos que não são mais produzidos pelas emissoras brasileiras. O rádio criou modas, inovou estilos, inventou práticas cotidianas, estimulou novos tipos de sociabilidade. Ícone de modernidade até a década de 1950, ele cumpriu um destacado papel social tanto na vida privada como na vida pública, promovendo um processo de integração que suplantava os limites físicos e os altos índices de analfabetismo do país.

Lançado como uma novidade maravilhosa, o rádio transformou-se em parte integrante do cotidiano. Presença constante nos lares, converteu-se em um meio fundamental de informação e entretenimento. Ao longo da década de 1950 o rádio tornou-se um objeto acessível à grande maioria da população, no mesmo momento em que tinha início o processo de lançamento e valorização da televisão no Brasil. Nos anos 1960 o formato de programas de rádio que havia feito tanto sucesso nas décadas anteriores já havia se transferido, em grande parte, para a televisão. Essas mudanças deram origem a novos modelos de programação radiofônica, cada vez mais distantes daquele que prevaleceu nos "anos dourados" do rádio brasileiro.

O rádio, no Brasil, acompanhou de perto as inovações tecnológicas ocorridas em todo o mundo. Apesar das diversas experiências realizadas em vários países desde os primeiros anos do século XX, a radiodifusão como um serviço de transmissão regular surgiu em novembro de 1920, nos Estados Unidos. A KDKA, como foi batizada a primeira emissora radiofônica, utilizava equipamentos fabricados pela Westinghouse e tinha como base de sua programação a produção de coberturas jornalísticas. Na Inglaterra e na França, as primeiras emissoras radiofônicas regulares surgiram no ano de 1922.

Nos Estados Unidos, o sucesso do rádio foi imediato, produzindo uma verdadeira explosão do setor. Em outubro de 1921 foram registradas 12 novas emissoras; em novembro, mais 9; em dezembro, outras 9. Em janeiro de 1922, 26 novas emissoras entravam no ar. Ao final do ano de 1924, os Estados Unidos já contavam com 530 emissoras de rádio em funcionamento! As empresas norte-americanas de equipamentos e aparelhos de rádio logo iniciaram o processo de expansão para outros países, mas em nenhum outro lugar foram registrados índices de crescimento do setor similares aos dos Estados Unidos.

Na década de 1930, o rádio já trazia o mundo para dentro da casa. O historiador Eric Hobsbawm, em seus estudos sobre o século XX, aponta o rádio como uma poderosa ferramenta de comunicação e integração entre os indivíduos. O rádio foi o primeiro meio de comunicação a falar individualmente com as pessoas, cada ouvinte era tocado de forma particular por mensagens que eram recebidas simultaneamente por milhões de pessoas. O novo meio de comunicação revolucionou a relação cotidiana do indivíduo com a notícia, imprimindo uma nova velocidade e significação aos acontecimentos. Ao partilharem das mesmas fontes de notícias, os indivíduos se sentiam mais integrados, possuíam um repertório de questões comuns a serem discutidas. No campo específico da produção cultural, o rádio inovou, ao mesmo tempo em que absorveu e adaptou outras formas de arte já existentes. Estavam presentes no rádio, por exemplo, a música em seus diversos gêneros e o teatro — drama e comédia. O rádio tornou-se um excelente meio de divulgação de outras manifestações artísticas.

Entre as mudanças efetuadas na cidade do Rio de Janeiro, então capital federal, no início da década de 1920, com pretensões a romper, definitivamente, com o passado colonial, destaca-se a derrubada do Morro do Castelo, que cedeu lugar à construção de pavilhões onde foi instalada parte da Exposição Nacional, preparada especialmente para os festejos do Centenário da Independência Brasileira, em 1922. A extensão (e pretensão) dos festejos podia ser medida através da grandiosidade desses pavilhões: o país desejava mostrar-se próspero, saudável, desenvolvido, e, acima de tudo, moderno. Assim sendo, não poderia haver momento mais propício para apresentar à sociedade brasileira uma das mais recentes novidades tecnológicas que encantava o mundo: o rádio!

No dia da inauguração da exposição ocorreu a primeira demonstração pública, no Brasil, de uma transmissão radiofônica, levando espanto e curiosidade aos visitantes da Exposição Nacional. No pavilhão principal puderam ser ouvidos o discurso de Epitácio Pessoa (então presidente da República) e trechos da ópera *O Guarany*, de Carlos Gomes, que estava sendo executada no Teatro Municipal. As transmissões, ainda que acompanhadas de muitos ruídos, espantaram e maravilharam as pessoas presentes, muitos dos quais imaginaram que estivessem presenciando algum tipo de truque.

O sucesso e a repercussão das primeiras transmissões radiofônicas na imprensa resultaram, logo no ano seguinte, no estabelecimento da Rádio Sociedade do Rio de Janeiro. Organizada graças aos esforços de Roquette Pinto e Henrique Morize, pretendia criar uma rádio cuja programação teria finalidades estritamente culturais e educativas. Essa foi oficialmente a primeira de muitas emissoras de rádio que surgiriam em todo o país.

Apesar de o rádio ter se desenvolvido em diversas regiões do país ao mesmo tempo, as emissoras de rádio cariocas e paulistas tiveram uma posição de destaque no cenário radiofônico nacional. Durante as décadas de 1940 e 1950, dentro do conjunto das emissoras cariocas, especificamente, e mesmo brasileiras em termos gerais, destacava-se a Rádio Nacional do Rio de Janeiro, que criou uma espécie de modelo de programação radiofônica seguido pelo restante do país. As rádios Mayrink Veiga, Tupi e Tamoio, junto com a Nacional, eram as que obtinham os maiores índices de audiência. Em outras regiões podem ser destacadas as rádios: Clube de Pernambuco; Jornal do Comércio, de Recife; Farroupilha e Gaúcha, do Rio Grande do Sul; Inconfidência, de Belo Horizonte; e as paulistas Excelsior, Record, São Paulo e Tupi.

A estruturação do rádio brasileiro

O rádio brasileiro estabeleceu-se a partir de uma dupla determinação: um veículo de comunicação privado, portanto subordinado às regras do mercado econômico, mas, ao mesmo tempo, controlado pelo Estado, que é responsável tanto pela liberação da concessão para o funcionamento das emissoras (normalmente por um período de dez anos renováveis) quanto pela cassação das mesmas, caso haja desrespeito às leis do código de comunicação em vigência.

Os primeiros anos de vida do rádio no país estiveram repletos de dificuldades, refletidas num constante surgimento e desaparecimento de inúmeras emissoras. A fórmula utilizada, então, para a criação de uma nova emissora era a da formação de uma rádio-sociedade, que previa em seus estatutos a existência de associados com obrigação de colaborar com uma determinada quantia mensal. A verba arrecadada dessa forma era a principal, senão a única, fonte de renda das emissoras. Muitas pessoas se associavam, mas poucas se mantinham pagando regularmente as mensalidades. Eram tempos difíceis para as rádio-sociedades. Para a execução da programação musical, elas contavam com empréstimos de discos de seus ouvintes e associados (que, em troca, recebiam agradecimentos no ar) e com a apresentação ao vivo de artistas, sem nenhum tipo de remuneração financeira. As emissoras empenhavam-se na busca de soluções para superar as dificuldades econômicas. Seguindo o modelo das rádios norte-americanas, tentavam conseguir patrocinadores para seus programas. Faltava, porém, um "pequeno detalhe" para que a fórmula fosse posta em ação com eficácia: os candidatos à categoria de anunciantes.

A passagem do rádio brasileiro da fase amadora para a comercial não se deu de forma imediata, em grande medida, não por falta de empenho das emissoras, mas por força de uma série de circunstâncias adversas. O primeiro problema enfrentado foi o da escassez de aparelhos receptores, que inicialmente eram importados e caros, limitando sua aquisição a uma pequena parcela da sociedade. A falta de verbas e de ouvintes fazia com que as emissoras restringissem sua programação aos horários da manhã e da noite. Um anúncio de um dos revendedores de rádio da General Electric, publicado no *Almanaque Eu Sei Tudo* em maio de 1925, oferecia demonstrações de captação radiofônica aos seus clientes, mas avisava que as demonstrações diárias estavam restritas às *horas de irradiação*. Até mesmo a venda de aparelhos era atrapalhada pelo pouco profissionalismo demonstrado pelo setor radiofônico com respeito a horários e programações relativamente constantes.

Um outro problema enfrentado pelas emissoras era o da falta de uma regulamentação clara sobre a veiculação de publicidade, ou melhor, de *reclames*, para utilizar uma expressão da época. O decreto-lei n.16.657 (15.11.1924) determinava que "O Governo reserva para si o direito de permitir a difusão rádio-telephonica (*broad-casting*) de annúncios e reclames commerciais".

É verdade que tal fato não impedia que as emissoras, mesmo não produzindo intervalos comerciais, tivessem seus programas patrocinados por anunciantes específicos, constantemente citados durante a irradiação. Entretanto, as dificuldades de se conseguir os patrocínios eram grandes. Predominava um sentimento de descrédito quanto à eficácia do rádio como veículo capaz de estimular o crescimento do consumo e de atrair novos clientes. A própria prática de anunciar os produtos ainda não era largamente utilizada pela indústria e pelo comércio na década de 1920; o rádio, naquele momento um veículo novo, despertava ainda mais a desconfiança dos possíveis anunciantes, acostumados, no máximo, a veicular suas mensagens comerciais através da imprensa e de painéis.

As agências de publicidade estrangeiras começaram a chegar ao Brasil no final da década de 1920 e início da de 1930, sendo as primeiras a Thompson e a McCann-Erickson. O período da expansão das agências norte-americanas coincidiu com o do desenvolvimento do setor radiofônico. Nos Estados Unidos, o rádio foi um dos grandes aliados das agências de propaganda e rapidamente passou a ser o veículo para o qual foram direcionados os maiores percentuais das verbas publicitárias. Essa experiência foi sendo trazida aos poucos para o Brasil: os grandes anunciantes do rádio na década de 1940 foram as multinacionais que se instalavam no país.

Mesmo convivendo com as dificuldades já enumeradas, o sistema de radiodifusão brasileiro foi se desenvolvendo. Segundo os dados publicados pelo IBGE podemos observar o crescimento das empresas de radiodifusão, em todo o país:

Tabela I – Criação de emissoras de rádio – 1923-1940

Ano da fundação	1923	1924	1925	1926	1927	1928	1929	1930	1931
Número de empresas	2	5	3	2	2	2	–	–	1
Ano de fundação	1932	1933	1934	1935	1936	1937	1938	1939	1940
Número de empresas	–	5	15	9	8	5	–	6	10

Fonte: IBGE, *Anuário estatístico do Brasil — 1941/1945*, p.451.

O setor de radiodifusão era, na década de 1920, uma área de incertezas, investimento caro e retorno duvidoso. Podemos conjecturar que o desenvolvimento do rádio brasileiro, no período anterior à década de 1930, foi freado não apenas por razões de ordem técnica, mas também pela turbulenta conjuntura política. Foi um tempo de instabilidade, com as revoltas tenentistas, as constantes declarações de Estado de Sítio; nesse contexto, o rádio poderia vir a se tornar um perigoso veículo de comunicação, de divulgação dos acontecimentos e de propaganda contra o poder estabelecido. Para evitar qualquer risco, o governo limitou, desde o decreto n.16.657 (5.11.1924), as sociedades civis a transmitirem uma programação com fins educativos, científicos e artísticos de benefício público, ficando expressamente proibida a propagação de notícias internas de caráter político sem a prévia permissão do governo.

Apesar de manter uma programação ao gosto das elites, as emissoras de rádio tentavam se tornar mais populares. Um recurso muito utilizado era o de realizar transmissões especiais com a instalação de alto-falantes em lugares públicos, assim reunindo um grande número de ouvintes. Em 1927, em São Paulo, por exemplo, a Rádio Educadora Paulista, conhecedora do interesse de seus ouvintes pelos jogos de futebol, transmitiu do Rio de Janeiro para São Paulo uma partida do campeonato brasileiro entre paulistas e cariocas. Para permitir que um número grande de ouvintes pudesse acompanhar a façanha, foram instalados alto-falantes na Sorveteria Meia Noite, na Leiteria Brilhante e em frente à sede do jornal *A Gazeta*. No dia seguinte, os jornais publicavam fotos e comentários das multidões que se reuniram nos três locais para ouvir a transmissão. Era uma forma de atrair a atenção da população para as potencialidades do rádio. Em 1929, os aparelhos de rádio em São Paulo já passavam de 60 mil unidades. O hábito de ouvir rádio ia se consolidando.

Em São Paulo, as eleições de 1930 já contaram com a presença efetiva do rádio. A Rádio Educadora Paulista tinha entre seus associados Júlio Prestes, candidato à presidência da República. Esquecendo seus princípios puramente educativos, a emissora fez efetiva campanha para o candidato paulista. Dentro da Rádio não se falava no nome de Getúlio Vargas, candidato da Aliança Liberal, pois isso era proibido.

No final da década de 1920, o rádio buscava o caminho da profissionalização. A maior parte das emissoras passava a irradiar seus programas todos os dias da semana. Novas empresas de radiodifusão formavam-se, anunciando projetos revolucionários que conquistariam definitivamente o público ouvinte, transformando o rádio em um elemento indispensável em todos os lares. A Rádio Sociedade Record, de São Paulo, foi uma delas. Fundada em 1928, foi vendida em 1931 para Jorge Alves Lima, João Batista do Amaral e Paulo Machado de Carvalho. Os novos diretores prometiam ao público paulista uma rádio jornalística, de prestação de serviços e com muito entretenimento, tudo feito de forma profissional. O rádio deixava para trás sua fase amadorística.

Enquanto as emissoras se profissionalizavam, as novidades tecnológicas da indústria estrangeira iam chegando ao mercado brasileiro. Em 13 de janeiro de 1931, a RCA Victor anunciava no jornal *O Globo* o seu novo produto: "Três maravilhosos instrumentos em um só", que consistia em um móvel que continha um rádio, uma eletrola e um gravador (que gravava tanto a partir de discos como de rádio). Esse era um aparelho caro, voltado para um seleto grupo de elite que desejava estar em dia com as novidades e com a moda no estrangeiro. Mas ao lado dos sofisticados aparelhos a RCA e outras fábricas também passaram a produzir pequenos rádios que, pouco a pouco, se tornavam acessíveis para um número maior de pessoas.

A capacidade de mobilização política do rádio tornou-se realmente evidente na Revolução Constitucionalista de 1932, em São Paulo. Segundo o historiador Antônio Pedro Tota, o que ocorreu em 1932 foi "uma verdadeira guerra no ar" entre as emissoras paulistas e cariocas. As rádios Philips, do Rio de Janeiro, e Record, de São Paulo, que até às vésperas da Revolução realizavam transmissões conjuntas, tornaram-se inimigas. Após o início do movimento paulista as emissoras passaram a servir como armas na luta, ocupando campos opostos na batalha.

O rádio mostrava-se um excelente meio de propaganda ideológica. Tanto as transmissões cariocas captadas em São Paulo quanto as mensagens paulistas captadas no Rio de Janeiro passaram a ser consideradas perigosas. As emissoras empenhavam-se em desmentir as informações dadas pelo "inimigo". A rapidez com que as notícias podiam ser veiculadas, o posicionamento de cada emissora, a popularidade alcançada por César Ladeira, da Rádio Record — que ficou conhecido como o locutor oficial da Revolução Constitucionalista —, demonstraram que o rádio era em si mesmo um veículo revolucionário, com seu largo alcance e rapidez na divulgação dos fatos. Ele tinha vindo para ficar.

Desde o início de seu governo, o presidente Getúlio Vargas demonstrou preocupações no sentido de estabelecer regulamentação específica para os diversos setores de produção cultural. Os decretos n.20.047 e 21.111 (27.5.1931 e 1.3.1932, respectivamente) regulamentavam, de forma detalhada, o funcionamento técnico e profissional do setor radiofônico. A principal contribuição da legislação para o desenvolvimento do setor foi a liberação de transmissão de propaganda comercial. Para evitar os excessos, o governo exigia que o tempo dedicado aos textos comerciais não ultrapassasse o limite de 10% do total de programação. Esse era o incentivo comercial necessário para a criação de novas emissoras de rádio. Como pôde ser visto na tabela I, a decretação, em novembro de 1937, do Estado Novo, que implantou uma ditadura com um forte esquema de censura, afetou o setor do rádio, que se retraiu para, logo em seguida, continuar seu processo de crescimento.

Durante o primeiro governo Vargas (1930-1945), o país vivenciou um processo de crescimento da produção cultural em diversos campos, como por exemplo na literatura, no cinema e na música. Um novo tratamento foi dispensado a esse setor. Mesmo durante o Estado Novo (1937-1945), período no qual a produção cultural permaneceu sob o controle do Departamento de Imprensa e Propaganda (DIP), criou-se uma política de valorização e elaboração de estratégias para o setor cultural que extrapolavam os níveis puramente políticos. Ao organizar e regulamentar o funcionamento das emissoras de rádio, o governo reservava para si uma fatia desse setor. Já na legislação de 1932 estava prevista a irradiação de um programa nacional que deveria ser retransmitido por todas as emissoras do país — a *Hora Nacional*. Ao tentar implementar a irradiação do programa, o governo encontrou resistência por parte de diversas emissoras, especialmente as paulistas, que preferiam manter-se fora do ar a transmitir o programa oficial. Havia ainda vários problemas técnicos, como o da pouca potência dos transmissores, o que dificultava ainda mais o processo de retransmissão.

Foi somente em 1939, com a criação do DIP, que o programa nacional do governo passou a ser irradiado para todo o país. Através de sua Divisão de Rádio, o DIP tomou para si a tarefa de organizar e produzir a *Hora do Brasil*. Cabia, ainda, à mesma divisão censurar os programas irradiados pelas diversas emissoras. Apesar de submetidos a censura prévia, os programas radiofônicos eram transmitidos ao vivo, o que obrigava o DIP a destacar censores para ouvir as emissoras e emitir seus pareceres.

Apesar das interferências da censura, as emissoras de rádio foram se desenvolvendo, tornando-se altamente populares. Em busca de uma boa aceitação de seus produtos, as emissoras de rádio foram adequando a programação às peculiaridades do meio e às exigências do público.

O rádio e o ouvinte

O rádio foi lançado no Brasil por um grupo de intelectuais que via no veículo a possibilidade de elevar o nível cultural do país. Edgar Roquette Pinto era médico e antropólogo, e foi membro da Academia Brasileira de Ciências, da Academia Nacional de Medicina e da Academia Brasileira de Letras, sendo ainda o fundador do Instituto Nacional de Cinema Educativo. O companheiro de Roquette Pinto na empreitada da Rádio Sociedade, Henrique Morize, era presidente da Academia Brasileira de Ciência. Ambos viam no rádio a saída para o que denominavam "os males culturais do país". Os pioneiros foram acompanhados por alguns intelectuais que iam à emissora proferir palestras, conceder entrevistas, sempre em prol da causa do aprimoramento do nível cultural do país. Esse rádio da década de 1920, com uma programação intelectualizada e de preços altos, terminava sendo ouvido pelo mesmo grupo que o produzia, ou seja, era um veículo de comunicação ligado às camadas altas da população.

Os primeiros aparelhos de rádio eram os chamados rádios de galena, de escuta individual, feita através de um fone de ouvido. A radioescuta era uma espécie de esporte, de *hobby*. As pessoas poderiam comprar seus aparelhos já montados ou adquirir as peças separadas para montá-los em casa. Os aparelhos receptores eram caros. A qualidade da recepção era ruim, pois o sistema de transmissão era de baixa potência e de difícil captação. Esse quadro foi sendo modificado ainda na década de 1920, quando começaram a chegar ao Brasil os rádios com alto-falantes, já montados, prontos para o funcionamento. A possibilidade da escuta coletiva por toda a família ou por todas as pessoas presentes nos recintos onde estivessem os aparelhos de rádio aumentou o interesse pelo veículo e deu início ao processo de popularização do mesmo.

Em 1926, por exemplo, foi inaugurada a Rádio Mayrink Veiga, que, mesmo mantendo-se no sistema de rádio-sociedade, buscava conquistar ouvintes em novas camadas sociais, irradiando uma programação mais popular. A emissora pertencia ao mesmo grupo da firma Mayrink Veiga & Cia., de material de radiotelefonia e radiotelegrafia, que importava e instalava transmissores e receptores de rádio e de telégrafo. Em 1927, por exemplo, a Mayrink contratou o cantor popular Silvio Caldas, que recebia um cachê por cada audição.

Ao longo de 1926 e 1927 foram se multiplicando nos jornais e revistas os anúncios de aparelhos de rádio e de firmas especializadas em instalá-los — necessárias, já que as casas não estavam preparadas para receber aquela novidade. A modernidade invadia os lares, interferia na vida privada, no cotidiano familiar; o rádio gradativamente passava a ocupar um lugar de destaque nas salas das residências.

Na década de 1930, as inovações tecnológicas, somadas à nova legislação, fizeram surgir mais emissoras de rádio com finalidades comerciais. Buscando atrair um público maior, elas apresentavam programas mais populares, com um ritmo dinâmico, prendendo melhor a atenção do ouvinte. As emissoras cariocas haviam contratado cantores populares como Carmen Miranda, Francisco Alves, Linda Batista, Mário Reis e Marília Batista.

À medida que o rádio ia se popularizando, passava a sofrer fortes críticas de uma parte da intelectualidade, que insistia em mantê-lo como um veículo com fins educativos e divulgador da produção cultural erudita. Grande parte das críticas era dirigida à programação musical, em especial os sambas, marchas e canções, que passavam a dominar as emissoras populares.

Em 1933, César Ladeira afirmava que o rádio estava vencendo na sua finalidade de divertir, e que querer mantê-lo como veículo meramente educativo era um grande equívoco: o modelo de rádio bem sucedido seria o do veículo de entretenimento. No mesmo ano, o compositor Lamartine Babo lançou um samba em homenagem às emissoras cariocas existentes na época, denominado *As cinco estações do ano*, em que destacava as principais características de cada uma delas, permitindo uma espécie de reconstituição do quadro radiofônico carioca. O samba era composto por cinco estrofes. Na primeira delas encontra-se citada a pioneira emissora de Roquette Pinto, a Rádio Sociedade, que com dez anos de existência mantinha-se fiel ao princípio de educar, "adorando o clássico e odiando a fuzarqueira". A segunda emissora cantada por Lamartine foi a Rádio Clube, que, com uma ampla programação esportiva, era caracterizada como "francamente do esporte". Em terceiro vinha a Rádio Educadora, que sofria com sua pouca potência. A quarta emissora era a Rádio Philips. Lamartine anunciava-a como "do samba e da fuzarca", afirmando que, fazendo prevalecer seus princípios comercias, ela anunciava "qualquer marca de trombone ou de café". Por último, Lamartine homenageou a Mayrink Veiga, emissora campeã de audiência carioca na década de 1930, possuindo em seus quadros artistas muito populares como Carmen Miranda, e Aurora Miranda, e o locutor César Ladeira. O samba dizia que, por causa da programação altamente popular, "toda gente ficava louca" ao ouvir a emissora.

Durante a década de 1930, o rádio despertou sentimentos que variavam do fascínio à rejeição. O universo radiofônico estava impregnado de todo tipo de estereótipo: Era o lugar da fama e da ascensão social, e ao mesmo tempo o ambiente da marginalidade e dos marginais, proibido às pessoas de "boa família".

A curiosidade e o desejo das camadas populares de possuírem aparelhos de rádio cresciam, e, quando as famílias ainda não podiam ter seus próprios rádios, lançavam mão de uma prática que se tornou muito corriqueira: a de ser um "rádio-vizinho". Era comum que as famílias que tinham aparelhos de rádio os partilhassem com os vizinhos, permitindo que acompanhassem parte da programação. Alguns estabelecimentos comerciais também mantinham aparelhos de rádio ligados como forma de atrair a freguesia.

Em busca desses ouvintes, as emissoras se empenhavam em produzir programas cada vez mais populares, criando uma "via de mão dupla" na relação rádio/sociedade, em que a opinião pública (o gosto popular) adquiriu um peso fundamental. Os modelos de programas eram lançados e as emissoras avaliavam sua audiência. A forma mais comum para isso era a promoção de concursos com distribuição de brindes, seguida pela análise da correspondência recebida. Caso a reação do público fosse negativa, o programa era reformulado ou retirado do ar. Quanto mais crescia o número de emissoras, mais exigentes ficavam os ouvintes.

Foi também nesse período que as emissoras passaram a receber o público em seus estúdios. Com o crescimento da popularidade das rádios os ouvintes passaram a não mais querer somente ouvir seus artistas favoritos. Eles desejavam vê-los. Uma reportagem da revista *Carioca* de 7 de novembro de 1936, intitulada "Qual é o verdadeiro ambiente radiofônico", informava aos leitores como eram as instalações das emissoras do Rio de Janeiro e, em especial, como era o acesso dos ouvintes a elas. Sobre a Rádio Jornal do Brasil, a reportagem informava que a emissora não exigia convites, mas se reservava o direito de impedir a entrada de "qualquer elemento pernicioso, mesmo porque a exigüidade de seus estúdios não comporta multidões". Quanto à Rádio Clube, o clima de "austeridade" e o auditório relativamente pequeno não permitiam encontros efusivos entre fãs e artistas. Já a Rádio Cruzeiro do Sul era classificada pela reportagem como possuindo um ambiente de "entusiasmo e alegria"; entretanto, a emissora costumava vetar "grandes grupos turbulentos". A Rádio Nacional foi apresentada como a emissora maior e mais luxuosa de 1936, possuindo um auditório que comportava, "como um grande teatro, uma infinidade de ouvintes que queiram ver os seus astros prediletos".

Preocupadas com a freqüência do público ouvinte, diversas emissoras foram ampliando seus auditórios e até passaram a cobrar ingressos. Para as rádios do interior do país, a cobrança de ingressos funcionava como uma forma de arrecadar a verba necessária para pagar os cachês dos artistas que ali se apresentavam. No caso dos grandes centros, como o Rio de Janeiro e São Paulo, os ingressos tinham mais a função de limitar e selecionar o público freqüentador do auditório.

O setor radiofônico crescia ainda de forma muito desigual entre as diversas regiões do país. Tomando como base o recenseamento de 1940, é possível observar a diferença entre os índices de domicílios com aparelhos de rádio no país como um todo ou somente no Distrito Federal.

Tabela II – Domicílios com rádio – Brasil

	Domicílios visitados	Domicílios com aparelhos radiorreceptores	
Total	9.098.791	522.143	5,74 %
Quadro urbano	1.994.823	398.738	19,99 %
Quadro suburbano	847.233	88.902	10,50 %
Quadro rural	6.256.735	34.503	0,55 %

Fonte: IBGE, *Censo demográfico de 1940*

Tabela III – Domicílios com rádio – Distrito Federal

	Domicílios visitados	Domicílios com aparelhos radiorreceptores	
Total	284.973	131.726	46,23 %
Quadro urbano	104.400	66.476	63,67 %
Quadro suburbano	133.037	54.863	41,24 %
Quadro rural	47.536	10.387	21,85 %

Fonte: IBGE, *Censo demográfico de 1940*

Como se pode observar através dos dados coletados, as diferenças entre o quadro apresentado pelo conjunto do país e somente pelo Distrito Federal (que até 1960 esteve localizado na cidade do Rio de Janeiro) são muito significativas. As enormes desigualdades regionais fazem com que, na análise do conjunto do país, a presença do rádio em 1940 seja quase insignificante. Somente 5,74% dos domicílios visitados possuíam aparelhos radiofônicos. Mas, se transferimos a análise para o Distrito Federal, a participação do rádio no dia-a-dia da população ganha importância, pois 46,23% dos domicílios visitados possuíam transmissores.

Uma outra questão que deve ser levada em consideração nos índices apresentados pelo recenseamento de 1940 é a diferença na distribuição de energia elétrica no país entre as áreas, urbana, suburbana e rural. No caso do conjunto do país, somente 2,11% dos domicílios rurais eram servidos por energia elétrica, o que permite compreender por que o índice de domicílios com aparelhos de rádio nessa área é de 0,55%. No caso do Distrito Federal, o índice de domicílios rurais servidos por energia elétrica é de 46,39%, e 21,85% deles possuem aparelhos de rádio. Esse quadro justifica um crescimento muito maior no número de emissoras de rádio no Rio de Janeiro e em São Paulo. Quanto mais receptores de rádio, maiores os índices de ouvintes atraindo os anunciantes, fazendo-os concentrarem suas verbas publicitárias nos grandes centros urbanos.

Existiam fortes ligações entre a produção da programação das emissoras e o mercado, como pode ser observado nos sugestivos nomes dos programas irradiados, tais como *Rádio Almanaque Kolinos, Acontecimento Aristolino, Repórter Esso* ou *Cancioneiro Royal*. Muitos programas eram produzidos e gravados nas emissoras cariocas, em especial na Rádio Nacional, e depois redistribuídos para o restante do país. Essa prática reforçava a fama obtida pelos artistas da emissora e o fascínio que a Capital Federal exercia sobre o interior. A modernidade que chegava pelo rádio tinha características urbanas, difundindo para os moradores do interior hábitos das grandes cidades. A publicidade era feita de forma direta, com anúncios, ou indireta, embutida nos textos dos programas, criando o mercado de consumo para os produtos. O rádio foi um excelente veículo de divulgação de novos hábitos de consumo, sendo o preferido pelas multinacionais para o lançamento de novas marcas e produtos.

Nos Estados Unidos, já no início da década de 1940, o rádio havia se tornado o senhor absoluto dos meios de comunicação. No mesmo período, crescia rapidamente na América Latina e, no Brasil, transformava-se em um companheiro inseparável das classes populares. A crise na Europa, o risco de um conflito iminente, transformaram o rádio em uma poderosa fonte de informação. As potências européias e os Estados Unidos transmitiam programas em ondas curtas com antenas direcionadas para diversas regiões do mundo. Desde o início da II Guerra, em 1939, o interesse pelos noticiários crescia continuamente. O rádio tinha a capacidade de informar rapidamente, antecipando-se ao jornal impresso na divulgação dos acontecimentos; as notícias irradiadas durante boa parte do dia e à noite somente seriam lidas no jornal do dia seguinte. Além disso, enquanto aguardavam as notícias da guerra, os ouvintes se divertiam com os programas humorísticos, se emocionavam com os dramas radiofonizados e cantarolavam os últimos lançamentos musicais interpretados por seus cantores prediletos.

O rádio popular e seus "anos dourados"

A Nacional: uma fábrica de astros e estrelas. Em 12 de setembro de 1936, a Rádio Nacional do Rio de Janeiro fez sua primeira transmissão oficial. A Sociedade Civil

Brasileira Rádio Nacional pertencia ao mesmo grupo jornalístico que editava o jornal *A Noite* e as revistas *Carioca*, *A Noite Ilustrada* e *Vamos Ler*, dono também da S.A. Rio Editora, que desde 1931 integravam os empreendimentos, no Brasil, do capitalista norte-americano Percival Farquhar. O empresário também atuava na área de transporte ferroviário (Madeira-Mamoré), minério e fornecimento de energia elétrica.

A Rádio Nacional iniciou suas atividades com a pretensão de se transformar na maior emissora do país. Já na inauguração contava com um *cast* de artistas exclusivos, composto, na maior parte, por jovens que já vinham atuando com sucesso nas rádios concorrentes. No grupo de cantores, a nova emissora contava com Marília Batista, Aracy de Almeida e Orlando Silva. As vozes que colocaram a emissora no ar foram as de Celso Guimarães, Ismênia dos Santos e Oduvaldo Cozzi, todos como *speakers* — como eram então chamados os locutores. A Nacional possuía várias orquestras, e entre seus maestros encontrava-se o jovem e talentoso Radamés Gnatalli. Como cronista, a emissora contratou o experiente Genolino Amado, que atuava no rádio desde o início da década de 1930, e como redator Rosário Fusco. A programação matinal passou a ser aberta pelas aulas de ginástica do professor Oswaldo Diniz Magalhães. Toda a movimentação da inauguração foi coberta pela revista *Carioca*, que apresentava a Nacional como a mais forte emissora do país. Com transmissores mais potentes, a nova rádio conseguia alcançar outros estados.

A Rádio Nacional surgiu em um cenário extremamente propício ao crescimento das emissoras populares. A legislação fornecia uma maior estabilidade ao setor; no campo profissional, começava a surgir um grupo de artistas formado pelo rádio, que iniciaram suas carreiras diretamente nesse veículo; na parte técnica, os aperfeiçoamentos eram constantes, e a Nacional iniciava suas atividades com os transmissores da Philips, que por problemas com a legislação, que limitava a participação estrangeira no setor de comunicação, acabou encerrando suas atividades.

A Nacional permaneceu, reconhecidamente, como a emissora de maior penetração e audiência por todo o país na era de ouro do rádio; pelos índices de popularidade e eficiência financeira atingidos, tornou-se, em especial no período compreendido entre 1945 e 1955, uma espécie de modelo que foi seguido pelas demais rádios em todo o país. Seu estilo de programação servia de base para a organização das concorrentes, até mesmo quando tentavam atrair a faixa de público que não se interessava pelos programas da Rádio Nacional.

O modelo de programação privilegiado pelo rádio brasileiro desde sua criação, e que vigorou até a década de 1960, apoiava-se em quatro núcleos: a música, a

1. O presidente Getúlio Vargas com alguns importantes artistas do rádio como Almirante, Orlando Silva e Lamartine Babo.

2. Ângela Maria, Carmen Miranda e Almirante, na rádio Mayrink Veiga, 1955. O fechamento da emissora, após o golpe de 1964, foi um momento de ruptura definitivo na história do rádio no Brasil.

3. Programa de variedades de César de Alencar, com Emilinha Borba, Marlene, Carmélia Alvez, Linda Batista e Afrânio Rodrigues.

4. O presidente Juscelino Kubitscheck cumprimentando a cantora Marlene pelo prêmio de melhor cantora do ano, 5.9.1956. As disputas entre os fã-clubes de Marlene e Emilinha Borba eram as mais acirradas.

5. Sala de ensaio do radioteatro da Nacional: Celso Guimarães (em separado), Amélia Alves, Paulo Ferreira, Amélia Ferreira, Tanio Luna, Neusa Tavares, Dinarte Armando, Ítala Ferreira, Osvaldo Elias, Zezé Macedo, Renato Murce e Alda Verona.

6. Edgar Roquette Pinto fundou, com Henrique Morize, a Rádio Sociedade Rio de Janeiro, em 1923.

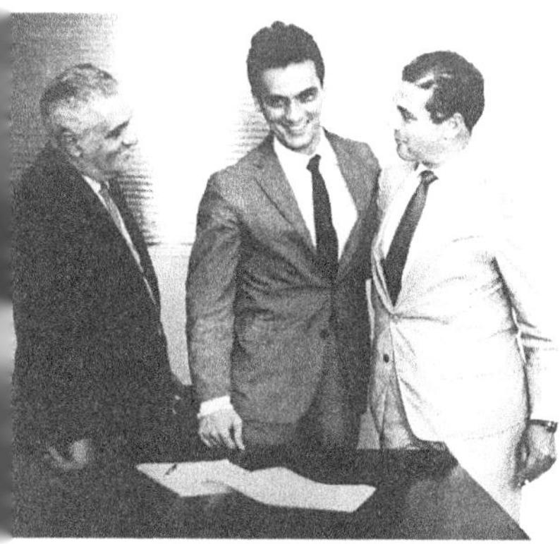

7. Saint-Clair Lopes, Roberto Figueiredo e Heron Domingues, o Repórter Esso. Rádio Nacional, 30.12.1962.

8 e 9. As revistas especializadas em rádio satisfaziam a curiosidade dos fãs sobre a aparência e os hábitos dos astros, que muitas vezes podiam ser vistos nos programas de auditório como o de Paulo Gracindo. Abaixo, caravana de meninas uniformizadas acompanhadas por freiras na porta da Rádio Nacional, 9.1.1960.

dramaturgia, o jornalismo e os programas de variedade. Nas emissoras de rádio reuniam-se profissionais dos mais diversos ramos, divididos em vários departamentos — artístico, musical, técnico, jornalístico, publicitário, administrativo. O elenco artístico de uma emissora de rádio era muito mais diversificado do que o das redes de televisão atuais.

Cada um dos núcleos radiofônicos se subdividia em outros setores. No jornalístico, por exemplo, encontravam-se repórteres, redatores e locutores que atuavam nos setores esportivo, de notícias, feminino, de serviços, de crônicas etc. Nas grandes emissoras, o núcleo musical era composto por orquestras inteiras, diversos maestros e conjuntos regionais, que executavam músicas populares. A música sempre foi um elemento fundamental dentro da programação de uma emissora de rádio, e eram esses profissionais que criavam os arranjos para os programas dos mais variados estilos. Os músicos também acompanhavam os cantores exclusivos da rádio e os convidados. Ou seja, a estrutura interna de uma emissora de rádio era complexa, com todos os setores funcionando de maneira interligada.

Vejamos um pouco da programação dos "anos dourados" do rádio brasileiro.

"Em busca da felicidade" nas novelas. Entre os campeões de audiência das emissoras de rádio estavam as novelas, as dramatizações em geral. No Rio de Janeiro,

a principal emissora a se destacar nesse tipo de programação foi a Rádio Nacional; em São Paulo, a Rádio São Paulo. A maior parte dos programas irradiados pela Rádio Nacional continha quadros de encenações radiodramáticas. Tendo em vista a própria especificidade do meio — a da transmissão sonora —, os produtores dos programas dos mais diversos gêneros, como por exemplo os de informação ou os de caráter científico, optavam pela encenação de parte do seu texto, ao invés de realizarem uma palestra linear. Tal técnica fazia com que o conteúdo ficasse mais leve e a narrativa, menos enfadonha, tornando o programa mais atraente para a audição radiofônica.

O setor de radioteatro reunia diversos grupos de profissionais e era responsável tanto pelas novelas quanto por todos os esquetes radiodramatizados que ocorressem nos outros programas. As emissoras costumavam manter um *cast* de radioatores exclusivos, mesmo aquelas que não irradiavam um grande número de novelas. O grupo desse setor que possuía maior projeção junto ao público ouvinte era o corpo de atores e atrizes. No entanto, a tarefa de estruturar o programa era do produtor, que muitas vezes poderia ser também o redator.

Existiam ainda os escritores, que não pertenciam ao quadro de funcionários da emissora e que trabalhavam por encomenda. Vendiam seus textos e tinham seus *scripts* produzidos e dirigidos por outros profissionais.

Oduvaldo Viana, por exemplo, vendia seus textos para diversas emissoras de todo o país. Havia ainda os escritores vinculados às agências de publicidade; nesse caso, os textos eram preparados nas agências e chegavam prontos para serem encenados pelos *casts* das emissoras de rádio.

O setor de radioteatro também contava com os profissionais responsáveis pelos efeitos sonoros — sonoplastia e sonofonia — e pelas trilhas musicais. A sonoplastia é, ainda hoje, um dos elementos fundamentais em todas as produções dos meios eletrônicos (rádio, cinema e televisão); no caso do rádio, esses efeitos sonoros assumem um papel ainda mais importante, na medida em que facilitam a recepção do texto. Na ausência total de imagens visuais, os ruídos e o fundo musical auxiliam na construção do ambiente imaginário. Quanto melhor o efeito sonoro, maior será o grau de veracidade atingido pela transmissão.

Desde a década de 1930, várias emissoras de rádio em São Paulo e no Rio de Janeiro apresentavam peças teatrais radiofonizadas em uma só apresentação, como *O teatro em casa* da Rádio Nacional. Mas a popularização do gênero ocorreu com as novelas em capítulos. Em 5 de junho de 1941 estreou na Rádio Nacional a primeira radionovela no Brasil, *Em busca da felicidade*, um original cubano de Leandro Blanco adaptado por Gilberto Martins, sob o patrocínio da pasta dental Colgate. O sucesso foi imediato. Rapidamente as novelas se espalharam pelas emissoras cariocas e paulistas. O modelo utilizado era o das *soap-operas* surgidas nos Estados Unidos na década de 1930 e concebidas originalmente como veículos de propaganda das fábricas de sabão, devendo atingir um público predominantemente feminino. Essa estratégia torna compreensível a exigência da agência de publicidade, a Standard Propaganda, de que *Em busca da felicidade* fosse irradiada às 10h da manhã, um horário considerado comercialmente fraco e fadado ao fracasso. Entretanto, tanto o gênero como o horário escolhido para a irradiação se mostraram um grande sucesso: *Em busca da felicidade* teve dois anos e meio de duração, sempre com altos índices de audiência.

Os custos da produção de uma radionovela eram altos. Para resolver esse problema, as agências de publicidade produziam as novelas no Rio de Janeiro ou em São Paulo, gravavam e distribuíam cópias para serem irradiadas pelas emissoras do restante do país. A técnica de gravação disponível na época utilizava discos que tinham sua base de alumínio recobertas por uma camada de acetato. Durante a Segunda Grande Guerra, com a utilização do alumínio para fins bélicos, as fábricas passaram a produzir discos de vidro. Como o risco de danos desses discos era grande, o método de distribuição de programas para as diversas regiões do país foi menos usado, voltando somente após o fim da guerra. Uma outra estratégia utilizada pelos patrocinadores era a da reencenação dos textos por diversas emissoras, em diferentes regiões do país. Em 1947, por exemplo, a novela de aventuras *Arsène Lupin* estava sendo irradiada pelas rádios Nacional do Rio de Janeiro, Clube Paraense, Sociedade da Bahia, Clube de Pernambuco, Cultura de Pelotas, Caxias, Tupi de São Paulo, Guarani de Belo Horizonte, Farroupilha de Porto Alegre, Ceará Rádio Clube, Cultura Riograndense e Santa Cruz.

A linguagem da radionovela tinha que ser simples, e a temática deveria ser abordada de forma a sensibilizar o ouvinte, gerando o consumo do universo imaginário. Como hoje com as telenovelas, as radionovelas entravam no cotidiano das pessoas despertando sentimentos diversos, provocando debates e até manifestações extremadas da parte dos ouvintes. Aguardando o episódio seguinte, o público comentava os fatos ocorridos, concordava ou censurava as atitudes tomadas pelos personagens, criando com estes laços de admiração ou de aversão. Existem vários registros de cartas de ouvintes indignados ou apoiando as ações de determinados personagens.

Um dos casos mais famosos do poder de interferência das radionovelas no cotidiano é o do drama cubano *O direito de nascer*, irradiado em vários países latino-americanos, inclusive no Brasil. A radionovela tomou conta dos noticiários, gerando debates entre especialistas diversos, como advogados, psicólogos, membros da igreja, ginecologistas etc. Possuía uma audiência tão grande que em seus últimos capítulos o comércio fechava mais cedo, os jogos de futebol tinham os horários alterados e os cinemas começavam suas sessões mais tarde, após a transmissão da novela. *O direito de nascer* começou a ser irradiada no Brasil em janeiro de 1951, quando muitos críticos já consideravam a radionovela um gênero decadente. O sucesso da novela foi imenso, como no restante da América Latina, mesmo tendo 314 capítulos e ficando quase três anos no ar. É interessante observar que em sua versão televisiva *O direito de nascer* não alcançaria tanto sucesso quanto no rádio.

No auge do sucesso do gênero, no final da década de 1940 e início da de 1950, algumas emissoras chegavam a manter diariamente no ar mais de seis radionovelas. Os capítulos eram apresentados em dias alternados, de segunda a sábado, distribuindo-se nos horários da manhã, da tarde e da noite. Ao longo da década de 1950 as novelas foram se transferindo para a televisão e desapareceram do rádio.

"Sua majestade" a música. A música sempre teve um papel especial dentro de uma rádio. Durante as três primeiras décadas do rádio, as emissoras trabalhavam muito com apresentações de música ao vivo. As de maior porte, como a Rádio Nacional do Rio de Janeiro, costumavam possuir duas ou mais orquestras (que

executavam tanto peças musicais clássicas como populares), pequenos conjuntos regionais e alguns maestros, que eram os responsáveis pelos arranjos musicais de toda a programação. O prefixo musical era a marca registrada dos programas.

A transmissão de discos — que hoje constitui a base do funcionamento das rádios — foi um recurso também utilizado desde os primeiros tempos do rádio, principalmente pelas emissoras menores. Muitas rádios, principalmente no interior do país, não possuíam em seus quadros de funcionários cantores e grandes orquestras. A própria contratação de cantores somente se tornou mais comum por volta de 1930. Antes, os cantores se apresentavam em troca de um cachê, mas não eram funcionários das emissoras.

Dentro do setor musical, o grupo de maior destaque junto ao público ouvinte era o dos cantores populares. A maior parte das apresentações dos cantores nas emissoras de rádio era feita em programas de transmissão ao vivo e com presença de auditório. Uma prática comum era o lançamento das músicas populares, como os sambas os as marchinhas carnavalescas, nesses programas, pois cada composição podia ser testada, verificando-se sua aceitação por parte do público.

Apresentar-se em uma emissora como a Nacional do Rio de Janeiro ou a Tupi do Rio ou de São Paulo, para um intérprete musical, significava ter a possibilidade de se tornar conhecido por milhares de ouvintes e de vender discos pelo país inteiro. São famosas as disputas entre as cantoras para o título de "Rainha do Rádio". Vencer o concurso poderia trazer como conseqüência um programa de rádio exclusivo, um bom contrato radiofônico, um contrato com uma gravadora, ou ainda convites para shows — que eram a maior fonte de lucro desses artistas; salários fabulosos eram pagos apenas a uma minoria. Apesar de os artistas serem contratados exclusivos das emissoras e terem que obter autorização para se apresentarem em outros lugares, era comum que as rádios concedessem essas licenças aos seus astros, em geral sem vencimentos, para que eles excursionassem pelo país. Astros e emissoras beneficiavam-se mutuamente com essa divulgação nacional.

O rádio criou uma corte imaginária com Rainhas do Rádio e Reis da Voz, sempre seguidos por súditos fiéis. O sucesso era tão grande que foram lançadas revistas especializadas, como a *Revista do Rádio* e a *Radiolândia*, com distribuição nacional. As pessoas desejavam saber que aparência tinham, o que vestiam, o que consumiam e como moravam seus astros prediletos. Se possível, desejavam tocar nos donos das vozes que embalavam seus sonhos. Eles poderiam ser vistos ao vivo nos programas de auditório que levavam multidões até as rádios. Em geral, eram programas longos e compostos por uma série de quadros com música, brincadeiras, teatro e concursos. Além de conhecer seus astros prediletos, nesses programas os ouvintes poderiam ainda levar para casa os brindes distribuídos pelos patrocinadores. Para os que ficavam em casa, restava o sonho de um dia poder ir à emissora de sua preferência para participar de um programa de auditório.

Foram os programas de auditório que criaram e alimentaram o fenômeno dos fã-clubes. O aumento da popularidade dos artistas, somado à disputa pelos títulos de Reis e Rainha, dividia os fãs em enormes torcidas organizadas, que acompanhavam seus ídolos nos programas e excursões, além de arrecadar verbas para que durante todo ano houvesse festas e presentes para o artista. Os astros mais renomados chegavam a ter mais de um fã-clube. Foram famosos os de Emilinha, Marlene, Ângela Maria, Dalva de Oliveira e Cauby Peixoto, mas as disputas mais acirradas de fã-clubes ocorreram entre os adoradores das cantoras Marlene e Emilinha Borba. A música popular, aliada às fórmulas dos programas de auditório, marcaram época na história do rádio brasileiro.

"E agora em edição extraordinária": o radiojornalismo. Dentro das emissoras havia também o setor de radiojornalismo, que contava com redatores, repórteres (internos e externos) e locutores. É importante observar que muitas das emissoras de rádio surgiram como mais

um integrante de uma empresa ou grupo que controlava um conjunto de veículos de comunicação, como já vimos com a Rádio Nacional do Rio de Janeiro, por exemplo. O maior dos conglomerados de empresas de comunicação foi o dos Diários e Emissoras Associados, cadeia de jornais, emissoras de rádio e de TV de propriedade de Assis Chateaubriand. A Rádio Tupi do Rio de Janeiro, fundada em 1935 como a primeira rádio dos Diários Associados, foi seguida pela Tupi de São Paulo, que ao ser inaugurada em 1937, com seus transmissores de 26kw, tornou-se a emissora mais potente da América Latina. No final da década de 1940, a rede dos Diários e Emissoras Associados contava com vinte jornais, cinco revistas, e com as rádios Tupi do Rio de Janeiro e de São Paulo; Difusora, de São Paulo; Mineira e Guarani, de Belo Horizonte; Sociedade da Bahia, em Salvador; Educadora do Brasil, no Rio de Janeiro; e Farroupilha, em Porto Alegre. Havia ainda alguns grupos menores, tais como o da Rádio Gazeta, de São Paulo, ligado ao jornal *A Gazeta*, de Cásper Líbero; o da Rádio Excelsior, de São Paulo, do grupo dos jornais *Folha da Manhã*, *Folha da Tarde* e *Folha da Noite*; a Rádio Jornal do Brasil, no Rio de Janeiro, ligada ao *Jornal do Brasil*, de propriedade do Conde Ernesto Pereira de Carneiro.

Inicialmente os noticiários radiofônicos eram extraídos dos jornais escritos; as emissoras limitavam-se a comentar os fatos que já haviam sido noticiados pela imprensa. Com o crescimento do setor radiofônico, as emissoras passaram a produzir seus próprios noticiários. Em geral, cada rádio era filiada a uma agência internacional de notícias diferente, e muitas vezes também a uma agência de notícias nacional, que era fornecedora da matéria-prima para a confecção dos noticiários. O aperfeiçoamento dos equipamentos para transmissão externa contribuiu para que algumas rádios passassem a contar com equipes próprias de reportagem. Dentro do setor de jornalismo havia especificidades, como o jornalismo esportivo, que sempre obteve muito sucesso junto ao público. Ao longo dos anos 1940, as emissoras foram se especializando, criando estilos próprios de noticiários — algumas com notícias de caráter mais interno e com comentários políticos, outras privilegiando as notícias internacionais. Muitas vezes uma mesma emissora possuía vários informativos, cada qual com um caráter específico.

A grande estrela dos noticiários radiofônicos foi o *Repórter Esso*, considerado o precursor dos jornais contemporâneos que se apresentam como imparciais, objetivos, altamente informativos e modernos. O *Repórter Esso* serviu de modelo para muitos dos jornais radiofônicos e televisivos que o sucederam. A primeira edição foi ao ar em final de agosto de 1941, na Rádio Nacional do Rio de Janeiro. No rádio, o programa ficou no ar até dezembro de 1968, e na televisão foi apresentado de 1952 até 1970.

Como vimos, durante o período da ditadura do Estado Novo — quando foi lançado o *Repórter Esso* —, havia uma intensa censura do DIP sobre o que era divulgado pela imprensa em geral. As notícias veiculadas não podiam se contrapor às diretrizes da política oficial, o que dificultava a seleção de matérias para os noticiários nacionais. Tal fato, aliado à própria conjuntura de guerra, fazia com que a atenção dos ouvintes fosse desviada para o conflito mundial e que o *Repórter Esso* obtivesse altíssimos índices de audiência. O noticiário seguia um mesmo modelo nos diversos países latino-americanos em que era irradiado, e foi considerado uma peça fundamental de propaganda do governo dos Estados Unidos durante a guerra.

A agência de publicidade McCann-Erickson foi contratada pela Standard Oil para produzir o *Repórter Esso* no Brasil. O noticiário era preparado a partir do material produzido pela agência de notícias United Press International — UPI, seguindo os padrões do radiojornalismo norte-americano. O primeiro locutor carioca do *Esso* foi Romeu Fernandes; entretanto, os produtores do noticiário continuaram a buscar a voz ideal. Depois de algumas experiências, Heron Domingues foi selecionado para ser o locutor exclusivo do *Repórter Esso* e se manteve no posto até a década de 1960.

O programa também foi produzido em São Paulo, Recife, Porto Alegre e Belo Horizonte, transmitido pelas rádios Record (transferido depois para a Tupi), Jornal do Comércio, Farroupilha e Inconfidência, respectivamente. Com o objetivo de atingir a quase totalidade dos ouvintes brasileiros, a McCann-Erickson escolheu para a transmissão do *Esso* os principais centros urbanos, contratando as emissoras de maior audiência e alcance nas diversas regiões. Para garantir a recepção do noticiário em qualquer ponto do país, em 1944 o *Repórter Esso* passou a ser irradiado também em ondas curtas, pela Rádio Nacional.

Dois slogans se transformaram na marca registrada do *Repórter Esso*: o noticiário era "o primeiro a dar as últimas" e a "testemunha ocular da história". Com quatro emissões diárias com cinco minutos de duração cada uma, apresentadas sempre com absoluta pontualidade — as famílias criavam o hábito de acertar os relógios pelas edições do noticiário —, o *Repórter Esso* tornou-se um ícone de sua época. Seu profissionalismo contrastava com o tratamento ainda amadorístico que algumas emissoras de rádio brasileiras dispensavam aos seus noticiários. As notícias somente eram consideradas confiáveis se transmitidas pela "*testemunha ocular da história*".

O *Repórter Esso* manteve-se como o líder de audiência dos jornais radiofônicos até a década de 1960, quando foi retirado do ar. Sem dúvida, o programa foi um dos principais responsáveis pela criação do hábito cotidiano de se ouvir noticiários, por transformar em necessidade a prática de manter-se informado.

"A ordem é divertir": humor, variedades e calouros. O rádio levou a sério sua função de divertir. Os programas humorísticos radiofônicos alcançavam altos índices de audiência, concorrendo com os programas de música e com as radionovelas pelo título de campeão de popularidade. A maioria dos programas humorísticos era escrita como uma espécie de crônica, retratando e criticando o cotidiano. Muitos programas se mantiveram muito tempo no ar, tornando-se uma referência do humorismo radiofônico. Dentre eles destacam-se o *PRK-30*, que esteve no ar por dezoito anos e o *Balança mas não cai*, que ficou em cartaz por vinte anos.

O *PRK-30* era uma paródia de uma emissora de rádio com vários personagens, todos interpretados por Lauro Borges e Castro Barbosa. O programa foi lançado originalmente como *PRK-20*, idealizado por Renato Murce e irradiado pela Rádio Clube do Brasil. Lauro Borges e Castro Barbosa receberam uma proposta vantajosa da Rádio Mayrink Veiga e decidiram transferir-se de emissora. Como o título do programa *PRK-20* estava registrado por Renato Murce, os humoristas criaram a *PRK-30*, que estreou na Rádio Mayrink Veiga, e em meados da década de 1940 transferiu-se para a Nacional.

O *Balança mas não cai* é o mais famoso programa radiofônico do gênero humorístico. Criado por Max Nunes para a Rádio Nacional, foi colocado no ar para substituir o *PRK-30*, pois Lauro Borges e Castro Barbosa estavam em litígio com a direção da emissora. Era uma crônica do cotidiano dos moradores de um edifício, e entre os personagens que marcaram época estão a dupla do Primo Pobre e Primo Rico, interpretados por Brandão Filho e Paulo Gracindo, respectivamente. O sucesso do programa repetiu-se na versão televisiva, que manteve parte dos atores em seus papéis originais.

Os programas humorísticos da Rádio Mayrink Veiga também obtinham elevados índices de audiência. Haroldo Barbosa e Stanislaw Ponte Preta foram alguns dos redatores dos programas de humor da Mayrink. Os programas *Levertimentos*, *Vai da valsa* e *A cidade se diverte* disputavam os primeiros lugares de audiência com os programas da Rádio Nacional.

Outro formato de programa popular era o de variedades. Eram apresentados por animadores que ficaram famosos, como César de Alencar, Paulo Gracindo e Manoel Barcelos, entre outros. Em sua grande maioria, os programas de variedades contavam com a presença de auditório, e muitos deles eram irradiados no final de semana, quando ficavam horas no ar transmitindo quadros de humor, apresentação de calouros, atrações artísticas (como cantores famosos, jogos com o público e distribuição de prêmios, entre outros. Podemos incluir no formato variedades alguns programas temáticos como os de folclore, curiosidades, história da cidade, efemérides (políticas, científicas e culturais muito em moda na época) e alguns outros estilos em menor número. Todos esses programas contavam com a participação de atores e atrizes, utilizando também elementos do setor musical.

Entre os mais famosos programas de variedades estão o de César de Alencar e o de Paulo Gracindo. Ambos eram irradiados pela Rádio Nacional e contavam com a presença do público, que superlotava os auditórios da emissora. São comuns as histórias das filas de ouvintes, que se juntavam desde a véspera dos programas para conseguirem comprar um ingresso. Dormiam na calçada, amanheciam na rua: tudo era válido para ver o artista favorito de perto e concorrer aos prêmios distribuídos pelos apresentadores dos programas.

Também entre os formatos de grande aceitação pelo público ouvinte estavam os "programas de calouros". Esses programas eram a grande oportunidade, muitas vezes a única, de um cantor anônimo tentar a sorte. A primeira apresentação da cantora Emilinha Borba no rádio, ainda muito jovem, foi no programa de calouros de Lamartine Babo, onde ganhou o prêmio máximo. O principal elemento desse formato era o povo — que se apresentava e que julgava. Independente dos métodos utilizados pelos apresentadores, que submetiam os candidatos a gongadas, buzinadas e a todo tipo de pilhéria, as filas para participar desses programas eram imensas. O grande sonho de todo calouro era o de ganhar um prêmio e, talvez, um contrato com uma emissora de rádio. O público ouvinte (do auditório ou não) que acompanhava todo o processo considerava-se co-responsável pelo sucesso ou pelo fracasso desse novo artista que surgia. Muitos desses programas tiveram vida longa no rádio, como o *Calouros em desfile* de Ari Barroso, que estreou em 1935, na Rádio Cruzeiro do Sul, e em 1950 completava quinze anos sendo apresentado na Tupi.

Novos tempos para o rádio brasileiro

Já no final da década de 1950, com a concorrência da televisão, o rádio iniciou um processo de reformulação da programação irradiada. As grandes orquestras, os imensos *casts* de atores e atrizes geravam muitas despesas para as emissoras, que passaram a dividir a verba publicitária com a recém-surgida televisão. As luzes se voltavam para a novidade que não transmitia somente som, mas também imagens. O modelo de rádio que conquistou multidões nas décadas de 1940 e 1950 foi gradativamente sendo transferido para a televisão: as radionovelas, os programas humorísticos, os programas de calouros e o *Repórter Esso.* Na década de 1960, a Rádio Nacional era uma das poucas emissoras que se mantinha fiel ao modelo que fez o sucesso da "Era do rádio", mas acabou por não resistir às mudanças políticas.

O golpe militar de 1964, que levou à investigação e à cassação de muitos dos grandes astros da Rádio Nacional e ao fechamento da Rádio Mayrink Veiga, de orientação legalista, juntamente com questões de gestão internas das emissoras, representou um momento de ruptura definitivo na história do rádio brasileiro. O governo militar investiu na integração televisiva do país e as emissoras foram adotando o modelo de rádios locais, com notícias e prestação de serviços, músicas gravadas e esportes, como no slogan da Rádio Globo, criada em dezembro de 1944: "Música, esporte e notícia". Os "anos dourados" do rádio no Brasil chegavam ao fim.

Cronologia

1920 Surge nos Estados Unidos a KDKA, a primeira emissora radiofônica. Eram utilizados equipamentos fabricados pela Westinghouse.

1922 Primeiras emissões radiofônicas regulares na França e na Inglaterra. No Brasil, em 22 de setembro, como parte das comemorações do centenário da Independência, tem lugar a primeira transmissão radiofônica.

1923 Fundada a primeira emissora de rádio do Brasil, a Rádio Sociedade do Rio de Janeiro, por Roquette Pinto e Henrique Morize.

1924 Inauguração da Rádio Clube do Brasil.

1926 Inauguração da Rádio Mayrink Veiga.

1932 O governo assina o Decreto 21.111, que permite a irradiação de mensagens publicitárias pelas emissoras de rádio. O rádio foi amplamente utilizado por São Paulo na Revolução Constitucionalista.

1935 Inauguração da Rádio Tupi do Rio de Janeiro, a primeira emissora de rádio do grupo dos Diários Associados, de propriedade de Assis Chateaubriand.

1936 A Rádio Nacional do Rio de Janeiro inicia suas transmissões, e a Rádio Sociedade do Rio de Janeiro é doada por Roquette Pinto ao Ministério da Educação, na gestão do ministro Gustavo Capanema.

1939 Criação do Departamento de Imprensa e Propaganda, DIP.

1940 A Rádio Nacional é encampada pelo governo.

1941 Vão ao ar, pela Rádio Nacional, a primeira radionovela, *Em busca da felicidade* — do cubano Leandro Blanco, sob o patrocínio do creme dental Colgate — e a primeira edição do *Repórter Esso*.

1942 É criado o Instituto Brasileiro de Opinião Pública — Ibope, a primeira empresa de pesquisa de opinião, que produzia boletins mensais de audiência radiofônica.

1948 A Associação Brasileira de Rádio reorganiza o concurso de Rainha do Rádio e Linda Batista ganha o concurso.

1949 Marlene vence o concurso de Rainha do Rádio, derrotando Emilinha Borba e dando início à famosa disputa entre os fãs-clubes das duas cantoras.

1950 Entra no ar a TV Tupi de São Paulo, a primeira emissora de televisão da América Latina.

1953 Emilinha Borba vence o concurso de Rainha do Rádio. É inaugurada a TV Record de São Paulo.

1954 Ângela Maria é eleita Rainha do Rádio.

1955 Inauguração da TV Rio.

1962 Regulamentação do Código Brasileiro de Telecomunicação.

1964 Interdição das dependências e dos transmissores da Rádio Mayrink Veiga. Tem início o processo de investigação e cassação contra funcionários da Rádio Nacional, resultando no desmantelamento do *cast* de artistas da emissora.

Referências e fontes

Sobre a criação e desenvolvimento do rádio na Europa e nos Estados Unidos, ver Asa Briggs em *The History of Broadcasting in the United Kingdom* (Oxford Nova York, Oxford University Press, 1995), especialmente os volumes I, II e III, que tratam do nascimento da radiodifusão, dos anos dourados e da utilização do rádio na Segunda Guerra Mundial.

A referência ao trabalho do historiador Eric Hobsbawm é relativa ao livro *A era dos extremos: o breve século XX (1914-1991)* (São Paulo, Companhia das Letras, 1995).

Grande parte das informações referentes à estruturação do rádio brasileiro foi extraída de diversas revistas e jornais da época, como *A Noite Ilustrada*, *Revista do Rádio*, *Radiolândia*, *Diretrizes*, *Publicidade e Negócios*, *A Noite*, *O Globo*, *A Manhã*, *Diário de Notícias*, entre outros.

O funcionamento interno das emissoras foi reconstituído com o apoio de depoimentos dos pioneiros do rádio que se encontram depositados no Museu da Imagem e do Som do Rio de Janeiro e na Divisão de Pesquisas do Centro Cultural São Paulo (CCSP). Foram consultadas também diversas biografias e autobiografias, como as de Mário Lago, Oduvaldo Viana, César de Alencar e Oswaldo Diniz Magalhães.

As informações sobre o rádio paulista foram retiradas dos trabalhos: *Cronologia do rádio paulistano: anos 20 e 30*, de Vera Lúcia Rocha e Nanci V.H. Vila (São Paulo, CCSP/Divisão de Pesquisas, 1993. vol.1) e *A locomotiva no ar: rádio e modernidade em São Paulo, 1924-1934*, de Antônio Pedro Tota (São Paulo, PW-Secretaria de Estado da Cultura, 1990).

Sugestões de leitura

Informações gerais sobre a história do rádio no Brasil podem ser encontradas nos seguintes trabalhos:

ALMIRANTE. *No tempo de Noel Rosa.* Rio de Janeiro, Francisco Alves, 1977.

CABRAL, Sérgio. *No tempo de Almirante: uma história do rádio e da MPB.* Rio de Janeiro, Francisco Alves, 1990.

FREDERICO, Maria Elvira. *História da comunicação: rádio e TV no Brasil.* Petrópolis, Vozes, 1982.

LADEIRA, César. *Acabaram de ouvir: reportagem numa estação de rádio.* São Paulo, Companhia Editora Nacional, 1933.

MOREIRA, Sônia Virgínia. *O rádio no Brasil.* Rio de Janeiro, Ed. Rio Fundo, 1991.

MURCE, Renato. *Bastidores do rádio: fragmentos do rádio de ontem e de hoje.* Rio de Janeiro, Imago, 1976.

ORTRIWANO, Gisela. *A informação no rádio: os grupos de poder e a determinação de conteúdos.* São Paulo, Summus, 1985.

SAMPAIO, Mário Ferraz. *História do rádio e da televisão no Brasil e no mundo.* Rio de Janeiro, Achiamé, 1984.

TYS, Hélio. "O rádio no Brasil", *Comunicação* 7(25). Rio de Janeiro, 1978.

Sobre cultura e mercado e produção cultural ver:

CANCLINI, Néstor Garcia. *Consumidores e cidadãos: conflitos multiculturais da globalização.* Rio de Janeiro, UFRJ, 1995.

____. *Culturas híbridas: estratégias para entrar e sair da modernidade.* São Paulo, Edusp, 1998.

HORKHEIMER, M. e Theodor W. ADORNO. "A indústria cultural: o Iluminismo como mistificação de massas", in Luiz Costa Lima (org.) *Teoria da cultura de massa.* São Paulo, Paz e Terra, 1990.

MARTÍN-BARBERO, Jesús. *Dos meios às mediações: comunicação, cultura e hegemonia.* Rio de Janeiro, UFRJ, 1997.

MATTELART, Armand. *A globalização da comunicação.* Bauru, Edusc, 2000.

MORIN, Edgar. *Cultura de massas no século XX: o espírito do tempo. Vol.1 — neurose.* Rio de Janeiro, Forense Universitária, 1967.

ORTIZ, Renato. *A moderna tradição brasileira: cultura brasileira e indústria cultural.* São Paulo, Brasiliense, 1991.

____ et alii. *Telenovela: história e produção.* São Paulo, Brasiliense, 1991.

Sobre a Rádio Nacional, ver:

GOLDFEDER, Miriam. *Por trás das ondas da Rádio Nacional.* Rio de Janeiro, Paz e Terra, 1980.

LAGO, Mário. *Bagaço de beira-estrada.* Rio de Janeiro, Civilização Brasileira, 1977.

____. *Na rolança do tempo*. Rio de Janeiro, Civilização Brasileira, 1979.

RÁDIO NACIONAL. *20 anos de liderança a serviço do Brasil*. Rio de Janeiro, s/ed., 1956.

SAROLDI, Luiz Carlos e Sônia Virgínia MOREIRA. *Rádio Nacional: o Brasil em sintonia*. Rio de Janeiro, Funarte, 1984.

VIEIRA, Jonas. *César de Alencar: a voz que abalou o mundo*. Rio de Janeiro, Valda Editora e Produtora, 1993.

Sobre a autora

Lia Calabre de Azevedo nasceu no Rio de Janeiro em 1960. Em 1988 graduou-se em história pela Universidade Santa Úrsula (USU). Cursou o mestrado em história social pela Universidade Federal Fluminense (UFF) com a dissertação *Na sintonia do tempo: uma leitura do cotidiano através da produção ficcional radiofônica (1940-1946)*, defendida em 1996. Doutorou-se em história também pela UFF com a tese: *No tempo do rádio: radiodifusão e cotidiano no Brasil, 1923-1960*, defendida em maio de 2002. É pesquisadora da Fundação Casa de Rui Barbosa desde 2002.

Coleção Descobrindo o Brasil

direção: Celso Castro

A modernização da imprensa (1970-2000)
Alzira Alves de Abreu

O Brasil no império português
Janaina Amado e Luiz Figueiredo

Os intelectuais da educação
Helena Bomeny

A era do rádio
Lia Calabre

A invenção do Exército brasileiro
A proclamação da República
Celso Castro

O Estado Novo
Maria Celina D'Araujo

A belle époque amazônica
Ana Maria Daou

O livro e a leitura no Brasil
Alessandra El Far

O pensamento nacionalista autoritário
Boris Fausto

Os índios antes do Brasil
Carlos Fausto

Os brasileiros e a Segunda Guerra Mundial
Francisco César Ferraz

Rebeliões no Brasil Colônia
Luciano Figueiredo

Palmares, ontem e hoje
Pedro P. Funari e Aline V. Carvalho

A arte rupestre no Brasil
Sambaqui: arqueologia do litoral brasileiro
Madu Gaspar

As formas do espaço brasileiro
Pedro Geiger

Cidadania e direitos do trabalho
Angela de Castro Gomes

Negros e política (1888-1937)
Flávio Gomes

Código Civil e cidadania
Keila Grinberg

Como falam os brasileiros
Yonne Leite e Dinah Callou

Uma viagem com Debret
Valéria Lima

O nascimento da imprensa brasileira
Isabel Lustosa

Escravidão e cidadania no Brasil monárquico
Hebe Maria Mattos

Os evangélicos
Clara Mafra

O sindicalismo brasileiro após 1930
Marcelo Badaró Mattos

O período das Regências (1831-1840)
Marco Morel

Da Bossa Nova à Tropicália
Santuza Cambraia Naves

Arqueologia da Amazônia
Eduardo Góes Neves

História do voto no Brasil
Jairo Nicolau

O Brasil dos imigrantes
Lucia Lippi Oliveira

Política externa brasileira
Leticia Pinheiro

Ditadura militar, esquerdas e sociedad
Daniel Aarão Reis

A Independência do Brasil
Iara Lis C. Souza

Partidos políticos no Brasil (1945-2000
Rogerio Schmitt

O Império em procissão
Lilia Moritz Schwarcz

Modernismo e música brasileira
Elizabeth Travassos Lins

A fotografia no Império
Pedro Karp Vasquez

Brasil de todos os santos
Ronaldo Vainfas e Juliana Souza